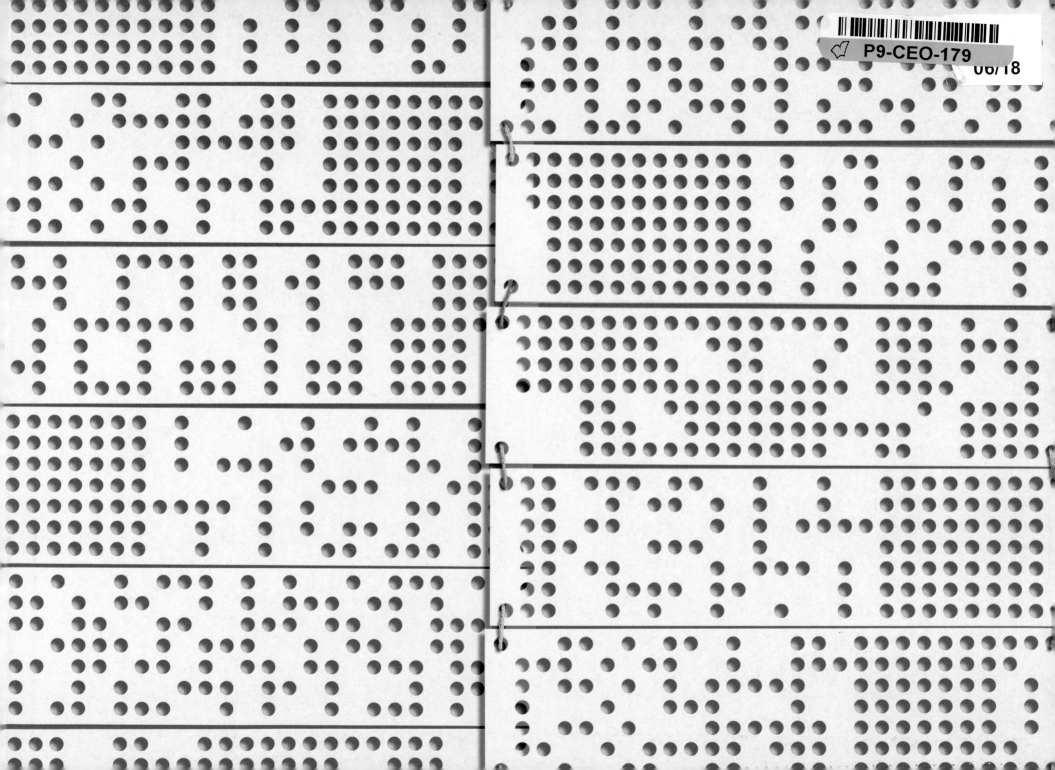

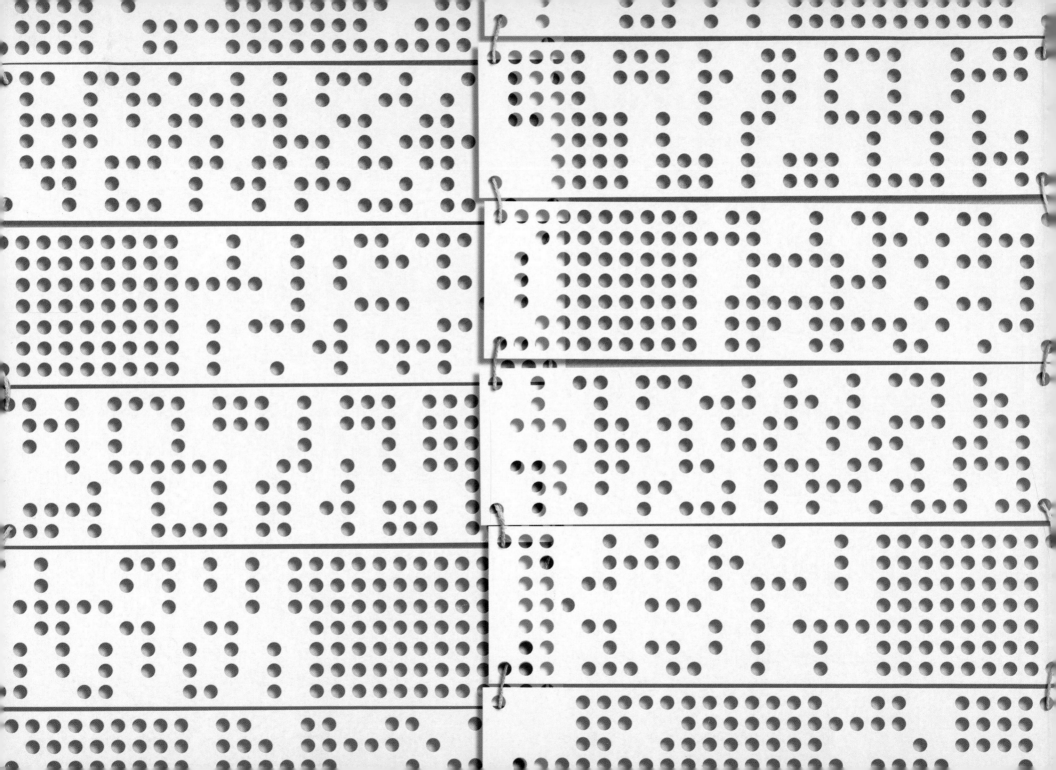

Fiona Robinson

LAS IDEAS

DE ADA

La historia de *Ada Lovelace*, la primera
programadora informática del mundo

Editorial Juventud

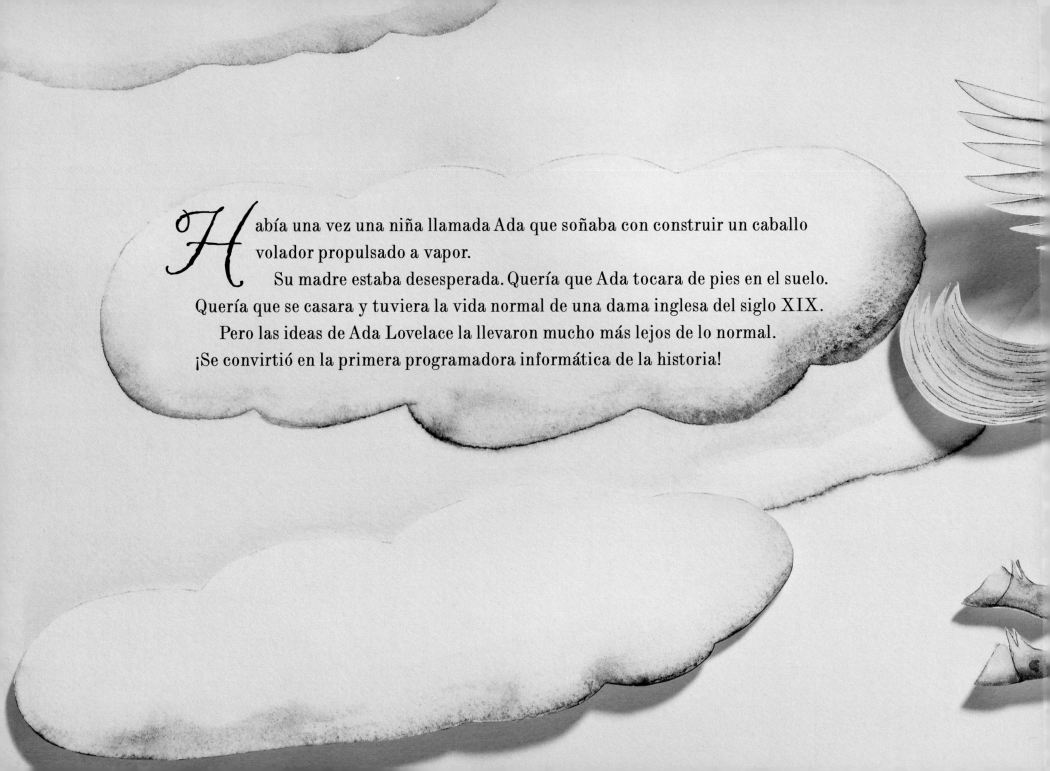

Había una vez una niña llamada Ada que soñaba con construir un caballo volador propulsado a vapor.

Su madre estaba desesperada. Quería que Ada tocara de pies en el suelo. Quería que se casara y tuviera la vida normal de una dama inglesa del siglo XIX.

Pero las ideas de Ada Lovelace la llevaron mucho más lejos de lo normal. ¡Se convirtió en la primera programadora informática de la historia!

¿Cómo es posible que una muchacha de esa época desafiara a su estricta madre y se convirtiera en una programadora informática antes incluso de que existieran los ordenadores? La historia empieza con sus padres.

El padre de Ada era Lord Byron, un poeta famoso por su estilo audaz e imaginativo, así como por su conducta irresponsable. Gastaba el dinero que no tenía y rompía sus promesas, incluso las que hacía a sus seres queridos.

La madre de Ada, Anne Isabella Milbanke, era una dama rica, educada y formal. Era también una matemática de mucho talento que vivía en un mundo regido por las normas y los números. Su marido la llamaba Princesa de los Paralelogramos.

¡Poesía y paralelogramos! Ada nació con unos padres tan talentosos como diferentes. Un mes después de que naciera Ada el 10 de diciembre de 1815, su madre, preocupada por el comportamiento de su marido, lo abandonó y se llevó a Ada con ella.

Ada nunca volvió a ver a su padre. Tal era el temor de su madre a que creciera imaginativa e irresponsable como él, que cubrió su retrato con una tela, como si pudiera influirla con su mirada distante y soñadora.

La madre de Ada pensó que su materia favorita —las matemáticas— convertiría a su hija en una persona sensata y seria, así que desde una edad muy temprana promovió su interés por los números. La poesía no estaba permitida.

La pequeña Ada recibía lecciones de todo tipo para mantenerla a salvo de la fantasía.

Este era el horario de un día normal para ella a los ocho años:

10:00 h Música

11:15 h Lectura en francés

11:30 h Aritmética

Le Français

A French Primer

Le Dictionnaire

Les Verbes

Primer of French Prose

13:30 h LABORES

15:15 h MÚSICA

16:30 h EJERCICIOS DE FRANCÉS

C'est un chat.

¡Pobre Ada! ¡Si se retrasaba en sus estudios, su madre la encerraba en un armario! Raramente jugaba con otros niños. Su único amigo era su gato Puff.

Y cuando tenía ocho años, el padre de Ada murió. Le entristeció perder a aquel hombre a quien solo había conocido en su imaginación.

También en el mundo ocurrían grandes cambios. ¡Era la Revolución industrial! Aparecieron fábricas textiles y molinos por toda la campiña inglesa.

Aquellos edificios estaban llenos de máquinas gigantescas que zumbaban, rechinaban y silbaban gracias a la energía del vapor, recién descubierta. Los ingenieros ideaban máquinas para fabricar tela, cristal, papel y cemento mucho más rápidamente que si hubieran sido hechos a mano.

Visitar las fábricas se convirtió en una actividad popular entre los ricos.
Las máquinas eran maravillas modernas y apasionantes, y a Ada le fascinaban.
Su madre la llevaba de viaje para ver estas nuevas y
emocionantes hazañas de la ingeniería y las matemáticas.

¡Su imaginación zumbaba como aquellas potentes
máquinas! Y su mente, tan bien entrenada por tantas
lecciones, ¡empezó a inventar!

Una de sus ideas la llamó…

...¡Vuelología!

Quería inventar un caballo mecánico que
volara. Ada tomó como modelo las alas de
un cuervo muerto y estudió cómo estaban
dispuestas sus plumas y cómo se conectaban
entre sí. Escribió emocionada a su madre, que
estaba de viaje por Europa, sobre su proyecto de volar,
y firmó la carta como «Tu afectuosa paloma mensajera». La
madre de Ada se desesperó. Su hija empezaba a recordarle a Lord
Byron. Se dio cuenta de que su imaginación no iba a limitarse a las
matemáticas. Ada estaba empezando a encontrar su propia forma de
expresión poética... ¡a través de las matemáticas!

Antes de que su madre pudiera
sermonearla, Ada tuvo que volver
a la realidad de golpe...

Ada enfermó de sarampión. Quedó tan débil que durante tres años apenas pudo caminar.

Dejó de soñar con volar, y se concentró en sus estudios.

Afortunadamente, a los dieciséis años ya estaba recuperada. Los dieciséis eran importantes para una joven rica como Ada. Fue a esa edad cuando fue presentada en sociedad como joven casadera.

Después de una infancia solitaria, Ada fue lanzada de repente a la sociedad. Su madre la animó a vestirse con hermosos vestidos y a asistir a bailes y grandes celebraciones. Ada estaba encantada de escapar de su vida tranquila y reglamentada, y de su lecho de enferma. Conocer a escritores, artistas, políticos e inventores reavivó su imaginación.

LA MADRE DE ADA
siempre presente,
vigilando a Ada

CHARLES DICKENS,
escritor famoso

A los diecisiete años, Ada conoció a alguien que sería muy importante para su futuro.
No un potencial marido, sino un inventor llamado Charles Babbage.

MICHAEL FARADAY,
científico famoso por sus experimentos
con la electricidad

MARY FAIRFAX SOMERVILLE,
genio de las matemáticas, y maestra y amiga de Ada

CHARLES BABBAGE,
ingeniero, matemático
e inventor

Babbage enseñó a Ada parte de su último invento: *la máquina diferencial*.
Una vez acabada, sería una enorme calculadora a vapor, ¡más pesada que un elefante
y más grande que un caballo!

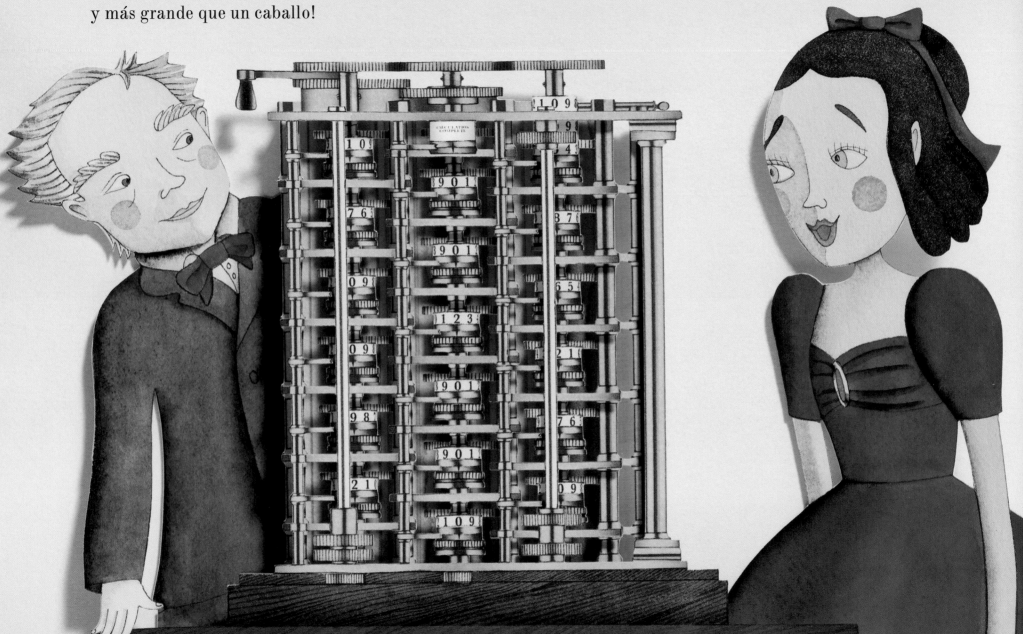

Babbage sabía que los seres humanos podían cometer errores de cálculo, y estaba decidido a crear una máquina que siempre diera la respuesta correcta.

¡Su invento sería útil de muchas maneras! Por ejemplo, ayudaría a los barcos que transportaban mercancías para las fábricas de Inglaterra. Los navegantes, para orientar a los barcos por la noche, cuando había pocas referencias para mantener el rumbo, hacían cálculos para medir la distancia entre las estrellas. Un error en estos cálculos podía hacer perder el rumbo a los barcos. ¡La máquina de Babbage ahorraría tiempo y salvaría vidas!

¡Ada quedó fascinada por la máquina diferencial! Ella y Babbage se hicieron buenos amigos.

Su vida cambió también en otros aspectos. Se casó con Lord William King, conde de Lovelace, y tuvo tres hijos.

A pesar de estar muy atareada con su nueva vida administrando su propio hogar, Ada siguió en contacto con Babbage para discutir de sus maravillosas máquinas.

Babbage le habló de su nuevo invento:

La máquina analítica

Esa máquina había sido diseñada para ser aún más grande y más completa que la máquina diferencial. Realizaría muchísimos más cálculos, y podría almacenar e imprimir los resultados. Hoy en día se considera que fue el primer diseño de ordenador del mundo. Babbage le explicó a Ada que a la máquina se le suministrarían una serie de tarjetas con agujeros que le «dirían» lo que tenía que hacer: era una idea que había tomado de otra máquina.

Inventado en 1801 por *Joseph-Marie Jacquard*, el telar de Jacquard hizo posible tejer seda con hermosos y complejos diseños. La máquina utilizaba unos rollos de tarjetas perforadas, y cada tarjeta tenía una serie de agujeros que correspondía a una línea del diseño. La máquina «leía» estos agujeros y levantaba diferentes hilos de la tela que se tejía, formando así el diseño.

Babbage quería trabajar de un modo similar con la máquina analítica. Cada tarjeta perforada que utilizara su máquina le indicaría qué movimientos tenía que hacer para resolver operaciones matemáticas. Ada, entusiasmada, se ofreció a resolver el algoritmo, es decir, las instrucciones que debían ser perforadas en las tarjetas. Las tarjetas perforadas eran el «programa» de la máquina.

El algoritmo que Ada creó programaría la máquina para que calculara una complicada serie de números llamados «números de Bernoulli». Calcular el algoritmo para el programa era como organizar la búsqueda de tesoros en un laberinto. Imagina que Ada te da instrucciones para encontrar varios tesoros en un determinado orden. Los tesoros son los números que ella quería que calculara el ordenador. Solo tenía que dar las instrucciones adecuadas a la máquina, y esta encontraría los números uno tras otro.

$$B_4 = -\frac{1}{30}$$

$$B_6 = \frac{1}{42}$$

$$B_8 = -\frac{1}{30}$$

$$B_{10} = \frac{5}{66}$$

$$B_{12} = -\frac{691}{2730}$$

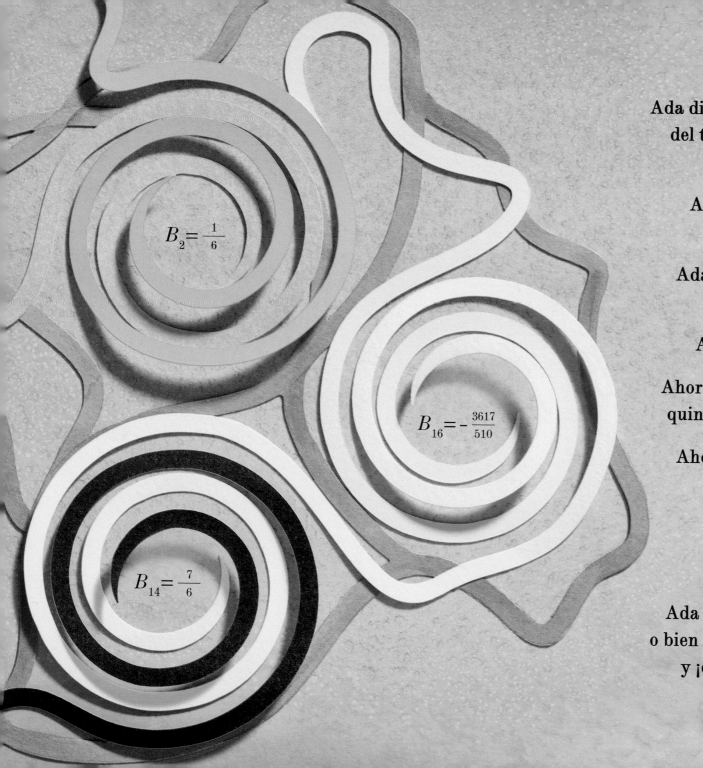

Ada dice que este es el inicio de la búsqueda
del tesoro y que tomes el camino verde.
¡Ahí está el primer número!

Ada dice que sigas el camino rosa.
¡Ahí está el segundo número!

Ada dice que sigas el camino marrón.
¡He aquí el tercero!

Ahora el camino lila. ¡El cuarto!

Ahora el azul. Justo por ahí debe estar el
quinto número... ¡Adelante! ¡Ahí está!

Ahora el naranja... te lleva al sexto.
¡Tachán!

¡Y el negro al séptimo!

Y el amarillo al octavo.

Ada dice que puedes salir del laberinto
o bien entrar en el bucle del camino blanco
y ¡encontrar los números de nuevo!

Ada también escribió sobre el potencial de la máquina analítica. A diferencia de Babbage, que creía que esta máquina solo serviría para realizar cálculos, Ada previó que una computadora como la máquina analítica no se limitaría solo a los cálculos matemáticos. Creía que podría ser programada para crear

imágenes,

música

y

palabras.

Es decir, cualquier secuencia de cosas. Era una idea fantástica, ¡pero eso es exactamente lo que los ordenadores pueden hacer en la actualidad!

Por desgracia la máquina analítica nunca se construyó. Hubiera costado demasiado dinero.
Poca gente entendió el impacto que podría haber tenido. Y lo más triste es que Ada murió joven,
a la edad de treinta y seis años.

No fue hasta cien años después de la muerte de Ada que se crearon y se pusieron en marcha
los primeros ordenadores en Estados Unidos e Inglaterra.

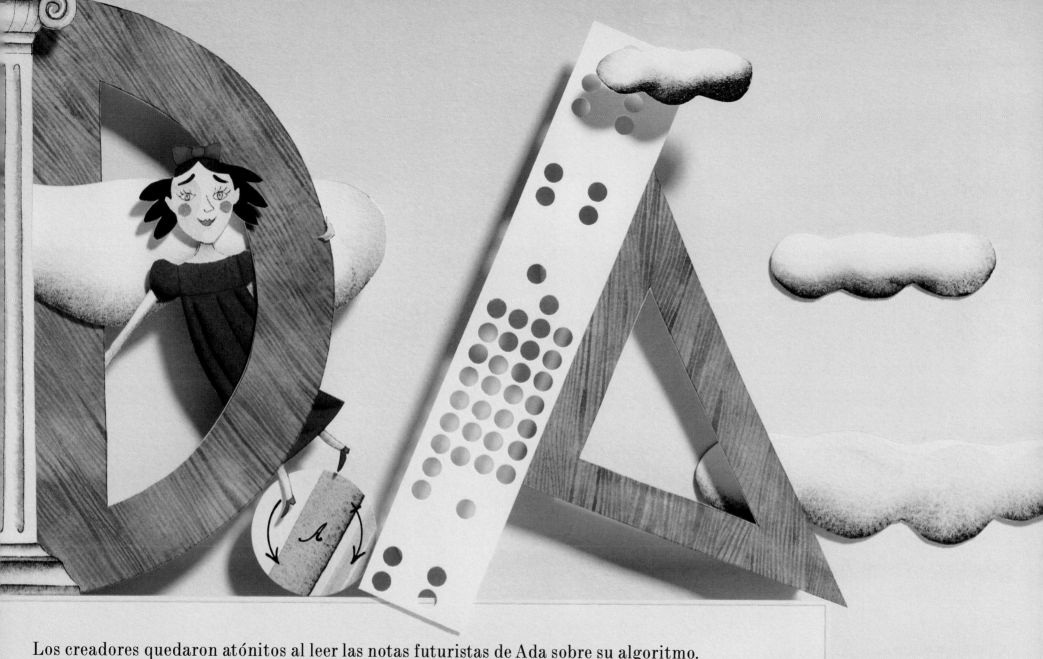

Los creadores quedaron atónitos al leer las notas futuristas de Ada sobre su algoritmo.
Actualmente Ada es considerada como la primera programadora informática del mundo.

La muchacha que soñaba con caballos a vapor demostró que, en matemáticas, tener conocimientos es tan importante como tener una gran imaginación, pues gracias a ella, Ada pudo ver un futuro que nadie podía imaginar.

SOBRE LOS NÚMEROS DE BERNOULLI

Los números de Bernoulli reciben su nombre del matemático suizo Jacob Bernoulli (1655-1705). Son una secuencia de números racionales (números reales que pueden ser representados como fracciones) muy difíciles de calcular. Ada dijo haberlos elegido como «un hermoso ejemplo» de cómo podía programarse la máquina analítica para calcular los problemas complejos. Ada y Babbage tenían un gran objetivo, y ella aplicó todo su talento y su trabajo para obtener el algoritmo: querían mostrar el extraordinario poder de la máquina analítica para hacer algo más que simples sumas y restas.

• • •

Título original: ADA' IDEAS. THE STORY OF ADA LOVELACE, THE WORLD'S FIRST COMPUTER PROGRAMMER

© del texto y de las ilustraciones: Fiona Robinson, 2016
Publicado en 2016 por Harry N. Abrams, Incorporated, Nueva York, EE.UU.

Todos los derechos reservados.

© de la traducción española:
EDITORIAL JUVENTUD, S.A., 2017
Provença, 101 - 08029 Barcelona

info@editorialjuventud.es
www.editorialjuventud.es

Traducción: Susana Tornero

ISBN: 978-84-261-4480-5
DL B 23559-2017
Primera edición, 2017
Núm. de edición de E. J.: 13523

Impreso por Impuls 45, Av. Sant Julià, 10 - Granollers (Barcelona)
Printed in Spain

Editorial **EJ** Juventud

Para S.V.M.

• • •

NOTA DE LA ARTISTA

Las ilustraciones han sido creadas con acuarelas japonesas sobre papel Arches. Las pinturas luego se recortaron empleando más de quinientas hojas de cúter X-ACTO, unidas y pegadas a diferentes profundidades para crear las ilustraciones finales en 3D. Luego se fotografiaron las imágenes.

• • •

AGRADECIMIENTOS

Un agradecimiento muy especial para Jay Zukerkorn, quien fotografió y editó en Photoshop la obra final. Gracias también a mi editora, Susan Van Metre, y a mi diseñadora, Alyssa Nassner. El Museo de la Seda de Macclesfield (Reino Unido), el Museo de la Ciencia (Londres, Reino Unido) y el Museo de la Ciencia y la Industria (Manchester, Reino Unido) me brindaron también una gran ayuda. ¡Gracias a todos!

• • •

BIBLIOGRAFÍA

Essinger, James. *El algoritmo de Ada - La vida de Ada Lovelace, hija de Lord Byron y pionera de la era informática*, Alba Editorial, Barcelona, 2015.

Moore, Doris Langley. *Ada, Countess of Lovelace: Byron's Legitimate Daughter*. Harper and Row, Nueva York, 1977.

Stein, Dorothy. *Ada: A Life and a Legacy*. The MIT Press, Cambridge, 2004.

Toole, Betty Alexandra. *Ada, the Enchantress of Numbers: Prophet of the Computer Age*. Strawberry Press, Mill Valley, California, 1998.

Woolley, Benjamin. *The Bride of Science: Romance, Reason, and Byron's Daughter*. McGraw-Hill, Nueva York, 2000.

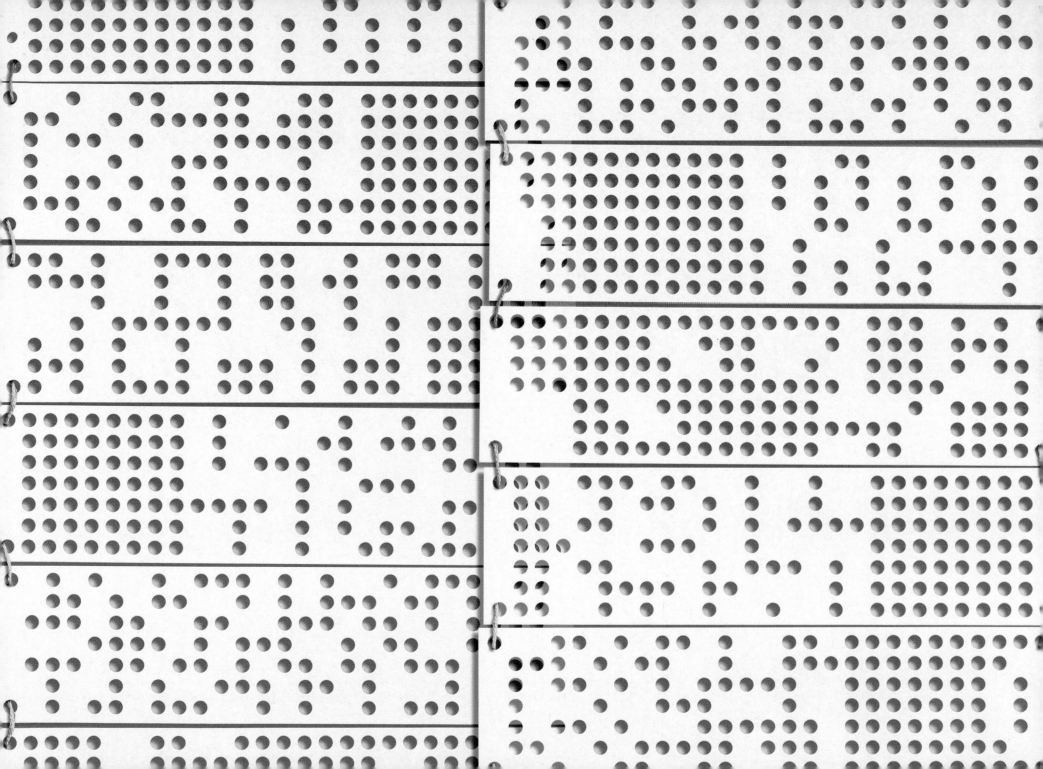

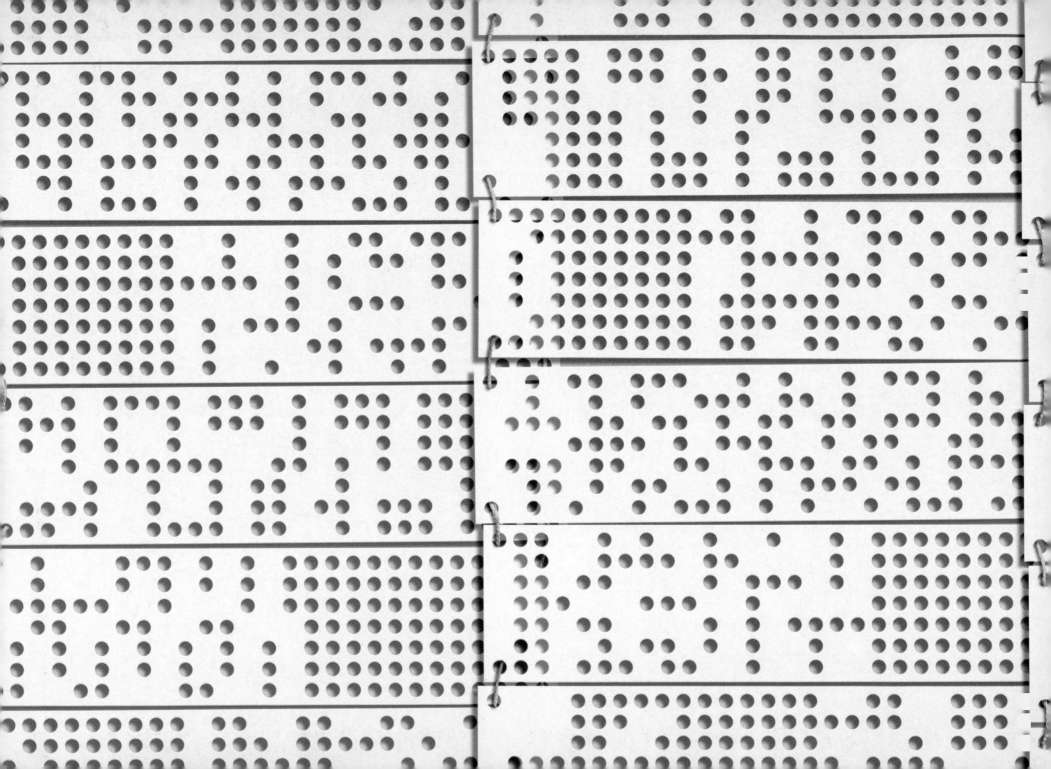